上海市交通运输行业协会团体标准

上海市域铁路设施设备维护规范

Code for Maintenance of Shanghai Suburban Railway Facilities and Equipment

T/SHJX 078—2024

主编单位：中铁上海设计院集团有限公司
批准部门：上海市交通运输行业协会
施行日期：2024 年 12 月 23 日

同济大学出版社

2025　上海

图书在版编目(CIP)数据

上海市域铁路设施设备维护规范/中铁上海设计院集团有限公司主编. --上海：同济大学出版社，2025.6. -- ISBN 978-7-5765-1677-7

Ⅰ. U239.5-65

中国国家版本馆 CIP 数据核字第 2025G6Y463 号

上海市域铁路设施设备维护规范
中铁上海设计院集团有限公司　主编

责任编辑　朱　勇
责任校对　徐逢乔
封面设计　陈益平

出版发行	同济大学出版社　　www.tongjipress.com.cn
	(地址：上海市四平路 1239 号　邮编：200092　电话：021-65985622)
经　　销	全国各地新华书店
印　　刷	苏州市古得堡数码印刷有限公司
开　　本	889mm×1194mm　1/32
印　　张	2.625
字　　数	66 000
版　　次	2025 年 6 月第 1 版
印　　次	2025 年 6 月第 1 次印刷
书　　号	ISBN 978-7-5765-1677-7
定　　价	30.00 元

本书若有印装质量问题，请向本社发行部调换　　版权所有　侵权必究

上海市交通运输行业协会

沪交协〔2024〕第 117 号

上海市交通运输行业协会
关于发布《上海市域铁路设施设备维护规范》
团体标准的通知

经上海市交通运输行业协会第八届理事会第二十八次秘书长办公会议(2024年12月23日)专题研究与审核,同意从即日起公开发布《上海市域铁路设施设备维护规范》团体标准。发布编号为:T/SHJX 078—2024。

特此予以发布。

上海市交通运输行业协会

2024 年 12 月 23 日

前　言

市域铁路设施设备是保障市域铁路运输安全、实现高效服务质量的基础。为满足上海市域铁路正常的运输运营需要，确保设施设备运行质量，发挥其最优效能，实现科学管理、推动市域铁路持续健康发展，根据上海市交通运输行业协会市域铁路分会《关于发布〈2023年上海市域铁路规范标准编写计划〉的通知》（沪交协域铁〔2023〕第8号）的要求，规范编制组经广泛调查研究，借鉴了国家铁路、各地市域铁路、城市轨道交通的设施设备运维经验，并参考国家、铁路行业、城市轨道交通领域相关规范标准，在广泛征求意见的基础上，编制本规范。

本规范主要内容包括：基本规定、术语和缩略语、总体原则、维护管理要求、维护质量要求、故障管理要求、设备用房管理要求、仪器仪表管理要求，以及土建设施、线路设施、动车组、电力系统、牵引供电系统、牵引网、通信系统、信号系统、信息系统、消防报警系统、环境与设备监控系统、门禁系统、综合监控系统、雨量及异物侵限监测系统、通风空调与采暖设备、给排水及消防系统、站台门系统、自动扶梯与电梯设备、安全检查及探测系统、云平台、车辆检修设备及工程检修车辆的维护技术要求。

各有关单位及人员在执行本规范过程中，如有意见或建议，请反馈至中铁上海设计院集团有限公司《上海市域铁路设施设备维护规范》编写组（地址：上海市静安区共和新路1265号；邮编：200070；电话：021-66825636；E-mail：gzy@sty.sh.cn），以供今后修订时参考。

请注意本规范的某些内容可能涉及专利。本规范的发布机构不承担识别专利的责任。

授权委托单位:上海市交通运输行业协会市域铁路分会
主 编 单 位:中铁上海设计院集团有限公司
参 编 单 位:上海市域铁路运营有限公司
　　　　　　　中国铁路通信信号上海工程局集团有限公司
　　　　　　　中国铁建电气化局集团有限公司
　　　　　　　中铁十五局集团有限公司
　　　　　　　中铁二十四局集团有限公司
　　　　　　　中铁电气化铁路运营管理有限公司上海维管处
　　　　　　　卡斯柯信号有限公司
　　　　　　　上海久誉软件系统有限公司
　　　　　　　普天轨道交通技术(上海)有限公司
　　　　　　　上海电气自动化设计研究所有限公司
　　　　　　　新华三技术有限公司
　　　　　　　中车长春轨道客车股份有限公司
　　　　　　　上海竞童机电设备有限公司
　　　　　　　上海轨道交通设备发展有限公司
主要起草人:顾正宜　刘　玺　张　瑾　周　期　林腾达
　　　　　　　吴　俊　钱　程　冯海锋　张焕东　黄建平
　　　　　　　徐硕均　施　昀　陆军辰　阎　珺　刘　钊
　　　　　　　宁贝贝　梅方舒　熊　磊　张　凯　王雁飞
　　　　　　　王　锐　刘中欣　王　星　吴　熊　闫海潮
　　　　　　　李　凯　马雄江　林伟达　李　健　张健丰
　　　　　　　华桂东　魏盛昕　巢　津　韩宇峰　陈光耀
　　　　　　　章智林　凌　钊　竺嵇伟　张赐聪
主要审查人:陈茂华　杨立新　吕永昌　方四弟　谭社会
　　　　　　　李　强　陈劲草　徐盛火　袁志骞　王克斌
　　　　　　　刘见见　万勇兵　符　萌

目 次

1 基本规定 ································· 1
2 术语和缩略语 ····························· 2
  2.1 术 语 ································ 2
  2.2 缩略语 ································ 3
3 总体原则 ································· 4
4 维护管理要求 ····························· 5
5 维护质量要求 ····························· 9
6 故障管理要求 ····························· 10
7 设备用房管理要求 ························· 11
8 仪器仪表管理要求 ························· 13
9 土建设施维护技术要求 ····················· 14
  9.1 维护对象 ····························· 14
  9.2 设施管理 ····························· 14
  9.3 设施维护 ····························· 15
10 线路设施维护技术要求 ···················· 18
  10.1 维护对象 ···························· 18
  10.2 设施管理 ···························· 18
  10.3 设施维护 ···························· 19
11 动车组维护技术要求 ······················ 22
  11.1 维护对象 ···························· 22
  11.2 装备管理 ···························· 22
  11.3 装备维护 ···························· 23
12 电力系统维护技术要求 ···················· 24
  12.1 维护对象 ···························· 24

	12.2 设备管理	24
	12.3 设备维护	26
13	牵引供电系统维护技术要求	29
	13.1 维护对象	29
	13.2 设备管理	29
	13.3 设备维护	31
14	牵引网维护技术要求	33
	14.1 维护对象	33
	14.2 设备管理	33
	14.3 设备维护	34
15	通信系统维护技术要求	37
	15.1 维护对象	37
	15.2 设备管理	37
	15.3 设备维护	38
16	信号系统维护技术要求	40
	16.1 维护对象	40
	16.2 设备管理	40
	16.3 设备维护	42
17	信息系统维护技术要求	44
	17.1 维护对象	44
	17.2 设备管理	44
	17.3 设备维护	45
18	消防报警系统维护技术要求	46
	18.1 维护对象	46
	18.2 设备管理	46
	18.3 设备维护	47
19	环境与设备监控系统维护技术要求	48
	19.1 维护对象	48
	19.2 设备管理	48

		19.3 设备维护	49
20	门禁系统维护技术要求		51
		20.1 维护对象	51
		20.2 设备管理	51
		20.3 设备维护	52
21	综合监控系统维护技术要求		53
		21.1 维护对象	53
		21.2 设备管理	53
		21.3 设备维护	54
22	雨量及异物侵限监测系统维护技术要求		55
		22.1 维护对象	55
		22.2 设备管理	55
		22.3 设备维护	56
23	通风空调与采暖设备维护技术要求		57
		23.1 维护对象	57
		23.2 设备管理	57
		23.3 设备维护	58
24	给排水及消防系统维护技术要求		59
		24.1 维护对象	59
		24.2 设备管理	59
		24.3 设备维护	60
25	站台门系统维护技术要求		61
		25.1 维护对象	61
		25.2 设备管理	61
		25.3 设备维护	62
26	自动扶梯与电梯设备维护技术要求		63
		26.1 维护对象	63
		26.2 设备管理	63
		26.3 设备维护	64

27	安全检查及探测系统维护技术要求	65
	27.1 维护对象	65
	27.2 设备管理	65
	27.3 设备维护	66
28	云平台维护技术要求	67
	28.1 维护对象	67
	28.2 设备管理	67
	28.3 设备维护	68
29	车辆检修设备及工程检修车辆维护技术要求	69
	29.1 维护对象	69
	29.2 车辆检修设备维护技术要求	69
	29.3 工程检修车辆维护技术要求	70

本规范用词说明 ································ 71

引用标准名录 ································· 72

1 基本规定

1.0.1 本规范规定了上海市域铁路主要设施设备的日常维护、大修及更新改造等工作的总体管理要求和技术要求。

1.0.2 市域铁路的设施主要包括隧道、桥梁、车站、车辆基地及区间的建筑物和构筑物。

1.0.3 市域铁路的设备主要包括动车组、电力、牵引供电、牵引网、通信、信号、信息、消防报警、环境与设备监控、门禁、综合监控、雨量及异物侵限监测、通风空调与采暖、给排水及消防、站台门、自动扶梯与电梯、安全检查及探测、云平台、车辆检修设备及工程检修车辆等系统或设备。

1.0.4 市域铁路设施设备维护除应符合本规范外,还应符合国家、行业和上海市现行有关标准的规定。

2 术语和缩略语

2.1 术语

2.1.1 设施设备 facilities and equipment

为正常开展市域铁路运营服务,并长期使用的系统或装置总称。

2.1.2 维护 maintenance

为保持或恢复设施设备处于能执行规定功能的状态所进行的所有技术和管理工作,包括监督活动。

2.1.3 维护管理 maintenance management

一种系统化、计划性的技术、管理和行政活动,旨在保持或恢复设施设备正常运行状态,以提高运用效率和延长使用寿命。

2.1.4 修程 repair program

根据设施设备技术状况和寿命周期所确定的检查或修理的种类、等级。

2.1.5 修制 repair regulation

设备维修管理制度,如根据设施设备使用年限、运用状态所开展维修活动的管理方法。

2.1.6 维修策略 repair policy

为保证设施设备正常运行而制定的维护方针和活动原则,用于建立维修组织和维修作业活动关系。

2.1.7 故障修 fault repair

维修策略的一种。设施设备功能失效后,恢复其原有功能而进行的维修工作。

2.1.8 计划修 scheduled maintenance

维修策略的一种。按设定的时间表实施的预防性维修,根据零部件磨损、老化和使用寿命的规律,对设备开展的定期维护。

2.1.9 状态修 conditioned based maintenance

维修策略的一种。运用状态监测和诊断技术,实时或准实时判断设备的性能状态是否正常,在故障发生前及时维修。

2.1.10 日常维护 routine maintenance

对设施设备开展的经常性、局部性、预防性的养护维修工作。

2.1.11 中修 medium repair

根据状态评定的结果,对设施设备开展针对性的专项维修整治工作。

2.1.12 大修 major repair

根据状态评定的结果,对设施设备开展全面、深入的检修维护工作。

2.1.13 维护方 maintenance party

负责对某一系统、设施、设备或资产进行定期检查、保养、修理和更新的个人、团队或组织。如运输企业维护部门及员工,或维护服务外包提供方。

2.2 缩略语

CTCS	China Train Control System	中国列车运行控制系统
UPS	Uninterruptible Power Supply	不间断电源
PLC	Programmable Logic Controller	可编程逻辑控制器
IBP	Integrated Backup Panel	综合后备盘
RIO	Remote Input/Output	远程输入/输出
IaaS	Infrastructure as a Service	基础架构即服务
PaaS	Platform as a Service	平台即服务
SaaS	Software as a Service	软件即服务

3 总体原则

3.0.1 市域铁路设施设备的维护工作,应贯彻"安全第一、预防为主"的方针,贯穿市域铁路运营全生命周期,遵循安全第一、动态监测、规范管理、标准作业的原则;优化修程修制和生产组织,提高维护工作效率;可采用新技术、新材料、新工艺,提升设施设备的维护质量;积极利用信息技术和数字化手段,不断改进运行维护体系,实现设施设备的高质量维护目标。

3.0.2 设施设备维护作业流程和计划的编制及实施应注重系统性、协同性,存在接口关系或运用存在关联的多专业设施设备维护作业,宜多专业协同开展。

3.0.3 各大专业的设施设备维护作业,宜根据本规范分阶段、分类别开展专业维护细则和维护规程的编制工作。

3.0.4 根据设施设备的维护组织架构及维护作业特点,宜建立数字化维护系统或平台,优化计划修、均衡修、预测修等业务流程,实现设施设备维护业务的提质增效和全寿命周期管理;宜结合数字化维护系统或平台,实现多专业工种协同维护、联合检修、联合抢修作业模式。

4 维护管理要求

4.0.1 设施设备的维护管理应树立全程全网理念,实行统一指挥、分级管理模式,应确保业务信息畅通,实现各级维护单位之间的高效协同。

4.0.2 设施设备的维护工作应树立科学维修理念,推进全面质量管理,加强安全风险控制,优化维修作业方式,提高设施设备维护质量。

4.0.3 设施设备的维护方应建立维护组织,按照专业分工合理设置管理部门,实现分级管理、逐级负责的管理目标。

4.0.4 维护方应根据现行国家标准《质量管理体系 要求》GB/T 19001、《环境管理体系 要求及使用指南》GB/T 24001、《职业健康安全管理体系 要求及使用指南》GB/T 45001 的要求,结合市域铁路运营及维护特点,建立健全设施设备的维护质量管理体系、作业安全管理体系、环境管理和维护人员职业健康体系,落实管理要求,保障各类设施设备的良好状态和正常运用。

4.0.5 维护方建立的维护管理机制,应对劳动安全、设备用房、维修作业、数据采集等工作制度,以及备品备件、仪器仪表、维(抢)修车辆、工作台账、技术(档案)资料的使用和管理做出规定,持续完善岗位工作标准和维修作业标准,不断优化故障处理流程和抢修及应急预案,提高应急处置能力。

4.0.6 维护管理分界应遵循专业对应、责任明确、利于管理的原则。当与外部维护单位存在工作界面时,应明确业务衔接、配合协同和责任主体等事宜。

4.0.7 维护技术(档案)资料及台账应由专人负责保管,内容发生变动时应及时修订并定期组织核查和整理。

4.0.8 维护方应组织编制设施设备维护规程。维护规程的发布、修订、废止等应经充分技术论证后方可实施。设施设备维护规程应至少包括设施设备维护项目、维护周期、维护流程、维护工艺及技术标准、质量与安全控制要求、维护验收等内容,对关键工序的作业程序、注意事项及检查标准等应做详细规定。宜结合维护对象的技术配置、自然环境、作业环境、客流环境,建立并持续优化维护内容和方式,基于"差异化、场景化"原则,提升维护质量和效益。

4.0.9 维护方应对设备内运行的软件建立管理制度。宜对软件版本编码规则、软件更新管理流程、更新软件技术测试要求、软件版本管理等工作做出规定。

4.0.10 维护方应对所管理的网络、设备与终端的信息及网络安全保障建立制度,根据维护对象的重要性定期开展网络安全维护工作,宜包括系统安全加固、关键数据备份、网络安全审计等。

4.0.11 当出现如下情况之一时,应进行设施设备的更新改造:

  1 国家明令禁止使用或淘汰的设施、设备或系统制式。

  2 设备或技术陈旧,维修配件没有来源且没有可替代部件,不能保证或继续使用可能严重影响运用质量和安全的。

  3 设施、设备、系统经全面检查与监测,综合评估不合格,且通过正常维修难以解决的。

4.0.12 维护方应根据各专业设施设备维护规程进行维护计划的编制,并组织实施,宜在非运营时间开展多专业联合维护和施工作业。其中,正线或车辆基地咽喉区关键道岔、正线接触网、正线轨道、动车组关键部件等重要设施设备的维护工作应严格按照维护计划执行,宜结合设施设备特点开展多专业联合维修;运营方应合理制订运营计划,保障设施设备维护工作时间,运营线路每天非运营时间内设备设施检修施工的预留时间宜不少于 4 h。

4.0.13 维护方应对设施设备的维护施工实施管理和监督,施工过程中应严格落实施工区域管理、请销点登记等制度,加强安全防护和质量监控。轨行区等重点区域或关键设施设备的施工作业应有专业人员监督。施工过程中动用其他专业设施设备的,相关专业应派人监护,施工完毕后应及时恢复原本状态并进行检查确认;由外部单位进行施工作业的,维护方应加强安全管理,由维护方办理相关施工手续,并落实相关监护措施后方可进行施工。维护方应建立施工现场工器具及材料管理制度,在维护施工作业始末核对清点作业工器具及材料;维护作业完成后,应对涉及的设施设备进行功能、安全、联动等测试工作。

4.0.14 投入使用的各类设施设备,应根据设施设备维护和应急处置需要配置备品备件;应按照"集中管理、分级存放、统一调配"的原则进行管理;应建立备品备件管理制度;维护方宜持续优化备品备件库设置地点及各地点的备品备件存放数量。

4.0.15 维护方应建立备品备件及周转件管理制度,明确备品备件采购、存放、验收、领用和维护保养等要求;结合设施设备故障统计分析情况,合理配置备品备件数量,避免因存放过久导致功能失效;维护方应将维修返回的周转件与备品备件区分管理,建立周转件履历资料,准确记录维护主体、设施设备名称等信息,对其维修和流转使用情况进行跟踪记录,并定期汇总和修订。

4.0.16 设施设备中固定资产的调拨、移设、封存、启用和报废应按固定资产管理规定执行。固定资产调拨时应保持完整性,对相关附属设备、备件及技术(档案)资料应一并调拨。

4.0.17 新建、新购的设施设备,应符合国家、行业的装备政策、技术标准及质量体系要求;纳入市域铁路产品认证管理的,应通过检测机构的认证;国家实行许可证制度的,应按国家的有关规定执行。

4.0.18 新建、更新改造及大修的设施设备,均应按照相关程序进行验收,验收合格后方可接管及运用。

4.0.19 维护方应结合设施设备实际运用特点,制定相应的应急抢修预案。

4.0.20 维护方应对分界部位的设施设备建立协作维护机制,统筹安排检修项目和作业时间;非维护管理范围内的动车组等移动装备,必要时应与资产主体签订委托维修协议并提供应急倒修零部件和配套检修设备。

4.0.21 维护方应加强员工技术业务素质、安全生产意识的培训教育。

5 维护质量要求

5.0.1 维护质量是评价维护工作的依据,宜包括设施设备质量、工作质量和运用质量。设施设备质量和工作质量是运用质量的基础,运用质量是设施设备质量和工作质量的综合反映。

5.0.2 设施设备质量是指设备的客观状态质量,宜包括机械强度和电气性能等指标。设施设备质量评价方法如下:

单项设施设备合格率=(单项设备合格数/单项设备总数)×100%

设备综合合格率=单项设备合格率平均值

5.0.3 工作质量是指维护、管理人员在生产活动中所达到的质量情况,宜包括如下评价内容:

1 执行计划表及完成工作的质量情况。
2 作业标准、工作制度的执行情况。
3 发生事故/故障的性质及处置情况。
4 抢修及应急预案的编制、修订及落实情况。
5 检修工作记录、技术(档案)资料和台账的准确性、完整程度。

5.0.4 运用质量是指设备在使用过程中的动态质量,是运用中设施设备在规定的技术条件下所能完成既定功能的程度。运用质量评价项目、方法及标准宜结合各类设施设备的特点进行制定,并定期修订完善。

5.0.5 维护方应加强维护质量管理,并建立工作制度,定期开展设施设备质量、工作质量和运用质量的评价工作,宜组织开展年度质量鉴定和抽查。

5.0.6 维护方宜开展年度质量鉴定活动,鉴定结果作为编制设备大修、更新改造等工作的依据。年度质量鉴定项目和评定方法宜结合各类设施设备的特点进行制定,并定期修订完善。

6 故障管理要求

6.0.1 维护方应加强设施设备的故障管理,如实记载、认真分析并持续完善各专业单项应急处置预案。

6.0.2 维护方应根据各专业设施设备对市域铁路运营服务的影响程度,科学合理制定设施设备故障的事件等级,根据事件等级形成配套应急排障和维护保障措施。

6.0.3 故障事件性质可分为责任事件和非责任事件,属下列情况之一的,应按责任事件统计:

    1 违章违纪。
    2 维修不良。
    3 施工影响。
    4 原因不明。

6.0.4 设施设备故障事件发生后,维护方应首先判断故障的专业、部位和区段,停用相应设施设备并启动故障应急处置预案;涉及行车调度指挥等关键业务的故障,应立即采取倒替、迁回等措施,将故障影响控制在最小范围;应迅速组织人员、工器具、备品备件开展设施设备的恢复工作。

6.0.5 设施设备故障处置应由维修调度员统一调度安排,设施设备的后台监控人员及维护保障人员应根据维修调度员的指令,实时报告故障情况和处置进度。

6.0.6 故障受理应记录详细并进行编号,应对故障的时间、地点、原因、影响范围、处理过程等要素进行详细的数据采集和人工记录。

6.0.7 维护方应建立设施设备故障统计、分析、总结和报告制度。

7 设备用房管理要求

7.0.1 设备用房用于各专业通过建筑形式对设施设备进行封闭管理。设备用房的管理、环境、安全和质量应符合国家、行业及地区有关规定,满足容纳设备的可靠稳定运行要求。

7.0.2 设备用房应根据设施设备的层级重要性和故障影响范围,科学合理设定用房技术等级,并配套相应维护保障措施。

7.0.3 设备用房的温度、湿度、抗震、防尘、防静电、防鼠、消防、防雷、电磁兼容、接地等要求应符合国家、行业现行有关标准的规定。

7.0.4 设备用房宜设置环境监控系统,对用房重要环境要素进行监控。各专业设施设备自身具备要素采集监控功能的,环境监控系统宜直接获取。

7.0.5 设备用房的温度、湿度应符合设备正常运行的要求。设施设备对运行环境要求较严格的,设备用房宜配置专用空调等控温控湿装置。设备用房内应配置温湿度传感装置,温湿度数据采集位置应合理。

7.0.6 设备用房门窗应安装严密,引入管孔等应有封堵措施,封堵材料应采用不燃性(A级)材料。

7.0.7 设备用房的环境照度应保证维护作业的正常开展,并具备应急照明功能。

7.0.8 设备用房设有窗户时,宜根据日照情况设置隔光隔热窗帘。

7.0.9 设备用房接地及防雷措施应符合专业设施设备的正常运行及维护要求。

7.0.10 设备用房内的设备机柜(架)的列间距应符合维护作业

及设备散热要求,室内布线应整齐有序。

7.0.11 设施设备及连接线缆应设有标签(标牌),标签(标牌)应注明名称、用途、序号等内容,标注字体应清晰准确。

7.0.12 设备用房的安全管理宜符合下列要求:

 1 应建立出入登记制度。

 2 室内应保持清洁、整齐,不得堆放杂物。

 3 室内禁止吸烟,严禁存放和使用易燃易爆、剧毒及腐蚀性物品。

 4 严格执行用电和防火规定,加强安全巡视,发现隐患及时处理。如需动用明火的,应申请得到批准后,采取防护措施再开展作业。

 5 插拔精密设备板件时应使用防静电手腕带。

 6 灭火器材应定置管理、定期检查,确保良好;工作人员应具备熟练使用灭火器材的能力,发现状况应及时处置,出现火灾时应立即拨打"119"。

7.0.13 进入气体灭火防护的设备用房时,应遵循相应的安全程序。

8 仪器仪表管理要求

8.0.1 设施设备维护配套使用的仪器仪表应符合相应专业维护作业、质量验收和效能测试的要求。

8.0.2 新购或移交的仪器仪表应附带合格的计量检定证书；使用中的仪器仪表应按计量检定规程或校准规范要求进行计量检定。

8.0.3 国家规定强制检验的仪器仪表，应按国家计量检定规程执行；列入市域铁路或国家铁路专用计量器具目录的仪器仪表，应按主管部门专用计量检定规程或校准规范执行；其他仪器仪表应按相关行业计量检定规程或校准规范执行。

8.0.4 使用仪器仪表的人员应经过培训，掌握正确的使用方法。

8.0.5 仪器仪表应存放于符合其存放环境要求的地点，搬运时应符合其运输要求，宜放置于专用箱内。

8.0.6 维护方应定期对仪器仪表的数量及状态进行统计和上报，并纳入相应技术履历。

8.0.7 仪器仪表应在计量检定合格后投入使用，长期未使用的仪器仪表应登记停用，再次投入使用前应重新检定。

8.0.8 维护方应有专人负责仪器仪表的管理并建立台账，仪器仪表的日常保养工作应纳入维护计划表。

9 土建设施维护技术要求

9.1 维护对象

9.1.1 土建设施是保障和支撑市域铁路正常及安全运营的建筑物或构筑物。

9.1.2 土建设施主要包括隧道、桥梁、车站、车辆基地及区间附属构筑物、路基及涵洞等。

9.2 设施管理

9.2.1 土建设施与其他专业的维护分界宜遵循下列要求：

    1 线路设施：以轨道结构高度及宽度范围为界，轨道结构高度范围内由线路设施负责维护。

    2 电力系统：装置预埋件由土建设施维护，与预埋件连接的电力装置由电力系统负责维护。

    3 牵引供电系统：装置预埋件由土建设施维护，与预埋件连接的牵引供电装置由牵引供电系统负责维护。

    4 牵引网：装置预埋件由土建设施维护，与预埋件连接的牵引网装置由牵引网负责维护。

    5 门禁系统：各类门体设置的磁力锁、门磁开关、闭门器等装置由门禁系统负责维护。

9.2.2 维护方应建立技术（档案）资料管理制度，资料宜包括土建设施的竣工资料和维修养护资料等。建设竣工资料应在竣工验收后 3 个月内交由维护方管理。

9.2.3 维护方应建立土建设施的维护台账，宜包括定期检修工作计划表、设施维护标准、设施分项状态评定标准、仪器仪表统计表、材料零件出入库登记等。

9.3 设施维护

9.3.1 维护方应定期组织开展土建设施的巡检和监测。

9.3.2 土建设施存在病害现象、处于不良地质地段、发现变形较大地段及其他需要重点关注的部位,应根据实际情况加密监测点并加密监测频次。配置的监测系统应实时监测和分析结构沉降及变形等状态。

9.3.3 土建设施的维护工作主要包括状态评定、检查以及维修等。其中,检查应包括日常检查、定期检查和专项检查;维修应包括日常维修、中修和大修。

9.3.4 土建设施维护作业应留有记录,维护记录保存时间不少于3年。

9.3.5 各类土建设施应结合各自特点,定期开展专项检查和状态评定活动,根据状态评定结果分级开展中修或大修。

9.3.6 隧道维护应符合下列规定:

　　1 日常维修宜对主体结构、附属结构、防排水设施、疏散平台进行常规检查和维护。

　　2 中修宜根据状态评定结果,开展裂损劣化整治、变形缝修补、渗漏水修复、材料劣化整治等工作。

　　3 大修宜根据状态评定结果,开展隧道病害处置、限界尺寸调整、附属结构整治等工作。

9.3.7 桥梁维护应符合下列规定:

　　1 日常维修宜对桥面系、混凝土梁、钢梁、组合梁、墩台及基础、附属设施、拉锁系统、主塔等进行常规检查和维护。

　　2 中修宜根据状态评定结果,开展下列工作:

　　　　1) 桥面系栏杆、踏板养护更换,支座及配套螺栓加固或更换;

2）梁体超限值裂缝处理修复及加固（含钢梁除锈及铆钉更换）；

3）墩台裂缝处理加固；

4）拉锁系统防护层修补及护筒、套管、拉索、减震器等更换调整；

5）主塔裂缝及混凝土块修补、限位装置更换、拉索钢锚箱裂纹处理等。

3 大修宜根据状态评定结果，开展桥面系伸缩缝批量更换、梁体（含保护层、防水层、拉锁等）综合整治、支座批量更换、墩台裂缝整治、墩台加固及更换、桥梁扩孔等工作。

9.3.8 车站维护应符合下列规定：

1 日常维修宜对地下、地面、高架车站的外露主体结构、附属结构及附属设施的外观进行常规检查和维护。

2 中修宜根据状态评定结果，开展下列工作：

1）主体钢结构定期除锈涂漆、更换受损连接件、结构漏水整治；

2）屋面漏水整治、开裂填嵌；

3）顶面受损吊顶及装饰板修补更换；

4）墙面装饰面修补更新、玻璃幕墙修补密封、受损轻质隔墙重建、墙体空鼓修复；

5）地面受损装饰面、沟盖板、无障碍设施修补更换，散水开裂修补；

6）门窗、楼梯出入口、风道、过街天桥、地下通道、排水设施等修补修理。

3 大修宜根据状态评定结果，开展下列工作：

1）主体结构加固维修；

2）屋面防水措施更新；

3）顶面受损龙骨更新；

4）受损钢制楼梯更换；

5）安全疏散标志更换；
   6）整体装饰面更新等。
9.3.9 车辆基地及区间附属构筑物维护应符合下列规定：
   1 日常维修宜对停车列检库、检修库、洗车库、工程车库、天桥、料棚、站台防雨雪棚等进行常规检查和维护。
   2 中修宜根据状态评定结果，开展下列工作：
   1）结构、屋面、顶面、墙面、柱面、地面、门窗、排水等设施的维修要求符合本规范第9.3.8条的规定；
   2）受损检修地沟修复；
   3）破损开裂道路及围墙修复。
   3 大修宜根据状态评定结果，开展屋面防水措施更新、检修地沟沉降整治、破损附属建筑设施重新砌筑等工作。
9.3.10 路基涵洞维护应符合下列规定：
   1 日常维修宜对路基本体、排水设施、防护加固设施、涵洞等的外观开展常规检查和维护。
   2 中修宜根据状态评定结果，开展下列工作：
   1）路基本体的边坡溜坍及陷穴、风化剥落、裂缝等整治修复；
   2）排水设施侧沟破损加固修复；
   3）护栏网片破损更换、除锈涂漆，声屏障基础骨架加固，护坡护墙破损修复，检修道路破损修复；
   4）涵管漏水漏土、裂缝、沉降、结构开裂、混凝土剥落、错台变形、砖石风化松动等整治修复。
   3 大修宜根据状态评定结果，开展下列工作：
   1）路基本体基床翻浆冒泥、下沉外挤、冻害、大面积边坡溜坍、风化剥落、陷穴等整治修复；
   2）排水设施破损变形翻修；
   3）护栏更新，声屏障破损骨架整体更换，护墙及挡土墙破损重新砌筑；
   4）涵洞破损墙体、盲沟、涵身、管节、水道破损重筑等。

10 线路设施维护技术要求

10.1 维护对象

10.1.1 线路设施是用于承载在轨道上行驶车辆的结构装置,引导和约束车辆在既定线路走向中行驶。

10.1.2 线路设施主要包括钢轨、联结零件、轨枕(有砟或无砟)、道床、道岔、钢轨伸缩调节器、轨道附属及安全等设施。

10.2 设施管理

10.2.1 线路设施与其他专业的维护分界宜遵循下列要求:

    1 土建设施:符合本规范第 9.2.1 条第 1 款的规定。

    2 牵引供电系统:设有钢轨涂油器时,钢轨涂油器配电箱由牵引供电系统负责维护,钢轨涂油器电缆插头由线路设施负责维护。

    3 牵引网:吸上线与钢轨直接连接时,吸上线及其与钢轨连接的附件由牵引网负责维护。

    4 信号系统:信号系统的胶结绝缘、电容枕、电气绝缘节专用枕等由线路设施负责维护;转辙器范围内的装置由信号系统负责维护。

    5 给排水及消防系统:以内置式泵房等泵坑范围为界,泵坑范围内由给排水系统负责维护。

10.2.2 维护方应建立技术(档案)资料管理制度,资料宜包括土建设施的竣工资料和维修养护资料等。建设竣工资料应在竣工验收后 3 个月内交由维护方管理,宜包括下列资料:

1 工程竣工资料、验收记录。

2 线路平纵断面图、调线调坡后铺轨综合图、轨道附属设施图等。

3 设施技术（档案）资料，包括说明书、维护手册、操作手册等。

4 抢修及应急预案。

10.2.3 维护方应建立并维护设施运用台账，宜包括轨检数据台账、线路维修台账、道岔维修台账、伸缩调节器维修台账、附属及安全设施维修台账、轨道结构维修台账、无缝线路应力放散作业台账、钢轨探伤记录台账等。

10.3 设施维护

10.3.1 线路设施的维护工作应保持线路完整和质量均衡，使列车以规定的速度安全、平稳和不间断运行，并延长设施使用寿命。

10.3.2 维护工作应贯彻"预防为主，防治结合，修养并重"原则，依据轨道设施技术状态的变化规律和程度，宜采用机械化、标准化、信息化方法，提高修理质量和作业效率，均衡补偿线路设施损耗，达到较优的技术经济效益。

10.3.3 线路设施的维护工作应由日常维护与大修组成。

10.3.4 线路设施的日常维护宜包括检测、周期修与状态修工作。

10.3.5 线路设施的检测内容宜包括全面查看钢轨、接头夹板、扣件、轨枕、道床及其他附属设施；通过人工与机械化检查方式查看是否有设备侵限、异物侵限，以及其他危及行车的情况，确认设施状态。

10.3.6 线路设施的大修应按照维护周期或状态的评定结果，对设施进行更新改造、整体或局部大修，恢复并满足线路的设计参数要求。

10.3.7 线路设施维护工作宜包括下列内容：

   1 钢轨：钢轨伤损更换、钢轨廓形修复、钢轨联结零件整治等。

   2 扣件：扣件更换、扣件修复及扣件调整。

   3 轨枕：轨枕更换、轨枕修复。

   4 道床：道床结构修复和道床附属件修复。

   5 道岔：道岔部件更换及道岔结构修复。

   6 伸缩调节器：伸缩调节器部件更换和伸缩调节器结构修复。

   7 轨道结构：轨道几何形位整治、轨道无缝线路应力放散、轨道均匀轨缝。

   8 附属设施及安全设施：挡车器整治、涂油器零配件整治、防脱护轨零配件整治、标识标牌更新、落水孔网罩整治、轨距拉杆更换、线路防爬设施更换。

10.3.8 线路设施维护工作验收与评定宜符合下列规定：

   1 线路验收要求：钢轨、扣件、轨枕及道床的维修工作应按年度工作量的100%进行验收，抽查内容应包括焊缝外观、钢轨接头、扣件装配、轨枕外观、枕间距、轨枕高程、碎石道床宽度、道砟质量检查及钢轨在线整形、道床结构破损修复等。

   2 道岔验收要求：道岔维修应按年度工作量的100%进行验收，抽查内容应包括道岔大件状态、道岔零部件状态、道岔扣件状态、岔枕状态、道床状态等。

   3 伸缩调节器验收要求：伸缩调节器维修应按年度工作量的100%进行验收，抽查内容应包括伸缩调节器大件状态、伸缩调节器部件状态、伸缩调节器扣件状态、伸缩调节器轨枕状态、伸缩调节器道床状态等。

   4 附属设施及安全设施验收要求：挡车器、防脱护轨、涂油器、标识标牌、落水孔网罩、轨距拉杆、防爬设施维修均应按年度工作量100%进行验收，抽查内容应包括外观状态、零配件检查、螺栓扭矩、液压设备等。

5 轨道结构维修验收要求:轨道几何尺寸超限整治应按年度工作量的100%进行验收,验收内容应包括扣配件组装、扭力矩复核、几何形位、结构状态等。应力放散工作应对所有作业现场监督实施,对放散是否均匀、扣配件的组装、扣件扭力矩等工作在实施现场全面监管。

11 动车组维护技术要求

11.1 维护对象

11.1.1 动车组是指由动车(有动力)和拖车(无动力)组成的自带动力、固定编组、两端均可操纵驾驶、整列一体化设计的一组列车。

11.1.2 动车组宜包括车体、转向架、车辆连接系统、牵引系统、制动系统、网络控制系统、辅助供电系统、高压系统、旅客信息系统、车内环境控制系统、给排水与卫生系统、车内设备、司机室、安全设施等部分。

11.2 装备管理

11.2.1 动车组与其他专业的维护分界宜遵循下列要求：
    1 通信系统：通信车载设备由通信系统负责维护。
    2 信号系统：信号车载设备由信号系统负责维护。

11.2.2 维护方应建立技术(档案)资料管理制度。宜包括动车组技术手册、技术履历、检修记录、表报台账等。动车组的技术档案应实行动态管理，运用维修中大部件更换、高级检修及技术变更时，维护方应填记检修信息，及时维护技术履历；技术变更时应提供相关技术资料。

11.2.3 动车组技术履历、检修记录应实行"一车一档管理"；当动车组进行转属作业时，应随车办理上述资料的交接。

11.2.4 动车组的检修工具及设备应定期进行检验和维护。检修工具及设备的管理负责人应做好记录和归档。

11.3 装备维护

11.3.1 动车组的维护应坚持"质量第一、运输导向"原则,贯彻"修养并重,预防为主"方针开展维修工作。

11.3.2 维护方应基于产品设计寿命,结合运用工况、台架试验、服役状态等手段,制定科学、合理、适用的修制和修程。

11.3.3 动车组的检修维护周期应根据动车组型号及线路运用特点进行确定;根据动车组实际运行状态,可采用均衡修等方式优化修程;根据动车组各子系统或部件不同的技术状态,可采用专项维修方式进行集中维修。

11.3.4 动车组的维护人员应具备相关资质和技能,经过专业培训并考核合格后方可从事检修工作。

11.3.5 动车组宜实行"以走行公里周期为主、时间周期为辅"的计划预防维修制度,可分为一、二、三、四、五级维修。其中,一、二级维修为运用检修,宜在动车组所在地实施维修作业;三、四、五级维修为高级检修,宜在具备相应维修资质的场所实施维修作业。各级维修内容宜包括如下内容:

1 一级维修:上线运用前例行安全检查。宜包括走行部、裙底板、受电弓异常损坏防范,制动系统功能试验,运用中发生故障处理等。

2 二级维修:周期性的深度检查、维护保养和功能检测。宜包括轮轴探伤、车轮镟修、冷却装置清洁、机械传动装置润滑、油脂性能化验等。

3 三级维修:关键部件分解检修。宜包括转向架及各系统关键部件分解检修或更新。

4 四级维修:重要系统分解检修。宜包括转向架、制动、环境控制等系统分解检修以及车内设施检修等。

5 五级维修:整车全面分解检修。宜对动车组各系统进行整体分解、检修、部件更新,可按需对车体进行升级和改造。

12 电力系统维护技术要求

12.1 维护对象

12.1.1 电力系统是为市域铁路动车组的行驶以及控制中心、车站、车辆基地等地各类设备设施的日常生产运营提供持续稳定可靠电能的系统。

12.1.2 电力系统主要包括变压器设备、配电设备、补偿设备、电力监控系统、电力电缆等部分。其中，变压器设备主要包括110/35 kV主变压器、35/35 kV隔离变压器、接地变压器、35/0.4 kV配电变压器等；配电设备主要包括高压开关柜、低压开关柜、小电阻接地装置、继电保护等；补偿设备主要包括35 kV磁控电抗器、35 kV无功补偿装置、400 V有源滤波装置、电容器柜等；电力监控系统主要包括电力监控设备、电能计量柜等。

12.2 设备管理

12.2.1 电力系统与其他专业的维护分界宜遵循下列要求：

  1 市电引入：市电引入电缆接头配套紧固件由电力系统维护，电缆头及引入电缆由地方供电公司维护。

  2 各专业受电及接地：电力系统至各专业受电箱接入端子（不含）的电缆由电力系统负责维护；接地系统至各专业地线箱（排）接入端子（不含）的接地线由电力系统负责维护。

  3 土建设施：符合本规范第9.2.1条第2款的规定。

  4 牵引供电系统：电力与牵引供电系统合建的主变电所，以电力变压器35 kV侧套管为分界点，电力变压器及以上由牵引供电系统负责维护,35 kV以下由电力系统负责维护;独立设置的牵引变电所、分区所、开闭所,以所用变压器为分界点,所用变压器高压侧由电力系统负责维护,所用变压器及以下由牵引供电系统负责维护;设置在车站或场段等地综合楼的分区所、开闭所,以牵引交流屏为分界点,牵引交流屏进线由电力系统负责维护,牵引交流屏及以下由牵引供电系统负责维护。

  5 通信系统:符合本规范第15.2.1第2款的规定。

  6 火灾自动报警系统:400 V柜内剩余电流式火灾探测器、测温式电气火灾监控探测器由火灾自动报警系统负责维护。

  7 综合监控系统:符合本规范第21.2.1条第1款的规定。

12.2.2 维护方应保障电力监控系统运行功能的持续有效、完整,对电力系统的遥控、遥信和遥测功能正常。

12.2.3 维护方应保障电力系统的继电保护自动装置的功能有效,设备故障时的投/退保护功能正常。

12.2.4 维护方应保障车站及区间的人员停留、通行和工作场所照明装置的照度符合工作要求。

12.2.5 维护方应对电能质量进行监测,对电能使用进行计量、统计和分析,宜采用能够有效节能的技术和管理措施。

12.2.6 维护方不应擅自增加用电负荷或向市域铁路以外的单位转供电。

12.2.7 低压AC380/220 V插座不得超负荷运行。

12.2.8 各类主变电所、降压变电所、箱式变电站的接地装置应保证设备工作正常可靠和人员人身安全。接地、安全标识应齐全、清晰,配备必要的安全工具,并放置到位。

12.2.9 维护方应保持变电所设备用房整洁,工器具摆放符合规定,电缆沟内清洁、无杂物,符合防火要求,具备巡视和检修条件。

12.2.10 维护方应建立技术(档案)资料管理制度,宜包括维修与保养手册、部件功能描述、配线图、模块电路图、设备台账和供电设备易损件清单等。

12.2.11 维护方应建立设施设备运用台账，按时填写各项原始记录、台账、技术履历、报表，宜包括定期检修工作计划表、设备维护标准、设备分项状态评定标准、设备故障登记表、设备故障分类统计表、设备故障检修单、设备故障统计汇总表、仪器仪表统计表、备品备件出入库登记及返修记录表等。

12.3 设备维护

12.3.1 维护方的班组执勤地理位置宜根据电力设备沿线特点合理设置，满足故障处置的快速反应、及时处置要求。

12.3.2 维护方应定期检查电缆孔洞封堵、防鼠板设置、电缆走向标示牌悬挂等状态，确保设施设备的完整可靠。

12.3.3 电力系统设备的维护工作应包括日常维护与大修。

12.3.4 针对不同年限和制式的电力设备，宜采取差异化的维护策略，以降低维护费用。

12.3.5 变压器设备的日常维护工作宜包括日常巡视、日常维护保养与预防性试验。各项工作宜符合下列要求：

  1 日常巡视要求：设备指示信号正常，闭锁位置正常，外部表面无积污，设备无异声、无异味，设备外壳无严重锈蚀，接地良好，支架基础无严重破损和剥落，综合保护装置显示正常，无故障报警灯亮，环境照明及通风完好，设备标识完整清晰等。

  2 日常维护保养要求：各元器件无积灰、松动等现象，绝缘子绕组等元器件无开裂、闪络、脱落等现象。

  3 预防性试验要求：检测变压器绕组电流电阻、吸收比等特性的达标情况。

  4 变压器设备应结合不同规格设备的大修周期，开展更新改造与大修。

12.3.6 配电设备的日常维护工作宜包括日常巡视、日常维护保养与预防性试验以及重要节日、施工改造和其他特殊情况下的专项巡视工作。各项工作宜符合下列要求：

1 日常巡视要求：各面板表计指示正常，闸刀的位置指示器与实际状态相符合，面板上的信号无异常，综合保护装置显示正常，无故障报警灯亮，各开关柜柜内无异声、异味，风扇运转正常，设备外壳无严重锈蚀，接地良好，支架基础无严重破损和剥落。

2 日常维护保养要求：各元器件无积灰、松动等现象，保护装置正常、信号显示准确。

3 预防性试验要求：检查设备的可靠性与监测设备参数的达标情况。

12.3.7 电力电缆的日常维护工作宜包括日常巡视、日常维护保养与预防性试验。各项工作宜符合下列要求：

1 日常巡视要求：电缆扎带、外表、桥架、支架、标识无松动、破损、脱落情况（电缆支架敷设）；电缆槽内无积水，电缆扎带、外表、标识无松动、破损及脱落情况（电缆槽敷设）。

2 日常维护保养要求：更换电缆扎带，保证电缆无松动、脱落情况，保证电缆槽内无积水情况。

3 预防性试验要求：检测电力电缆绝缘电阻等特性，确认缆线达标情况。

12.3.8 电力监控设备的日常维护工作宜包括电力监控系统、电能计量柜的日常巡视、维护保养以及检修工作，确保设备处于良好状态。

12.3.9 应急电源设备包括控制室交直流屏、应急照明集中电源、EPS备用照明应急电源等，日常维护工作宜包括日常巡视、日常维护保养与预防性试验。各项工作宜符合下列要求：

1 日常巡视要求：确保表计指示、各种灯光、音响信号设备、各操作部件正常，各蓄电池电压正常。

2 日常维护保养要求：确保各元器件无积灰、松动，设备状态良好运行。

12.3.10 低压配电设备的日常维护宜包括日检、月度维护、季度维护、年度维护和故障修。各项工作宜符合下列要求：

1 日检要求：通过对各类子设备的巡检、故障的初期处置维持设备正常工作。

2 月度维护要求：通过对设备进行清洁、润滑、线缆紧固等工作，以保障设备功能。

3 季度维护要求：对车站、区间等地的低压配电箱、电控柜和照明等设备进行清洁保养、线缆检查、线路测试、照度测试，消除设备缺陷，确保设备运行功能正常。

4 年度维护要求：全面检测设备功能及性能的专业性维护。

5 故障修要求：针对设备故障进行排查及维修，更换故障件。

12.3.11 大修宜包括周期性大修与更新改造等工作。各项工作宜符合下列要求：

1 周期性大修：应根据不同设备的运行周期更换主要元器件，恢复设备设计参数的规范和要求，实现设备稳定运行至下一大修周期。

2 更新改造：应通过设备整体更新（升级），实现设备性能和功能的提升。

13 牵引供电系统维护技术要求

13.1 维护对象

13.1.1 牵引供电系统负责在轨道线路设施上为电力驱动行驶的车辆提供所需电能的系统。

13.1.2 牵引供电系统主要包括牵引变电所、分区所、开闭所等。其中,牵引变电所将三相 110 kV 交流电转换为单相 27.5 kV 交流电提供给电力驱动的车辆;分区所设于供电臂末端,正常供电时实现上、下行并联供电,在一个变电所退出运行时应实现越区供电;开闭所设于无牵引变电所且需为较多独立供电的部位。

13.2 设备管理

13.2.1 牵引供电系统与其他专业的维护分界宜遵循下列要求:

1 土建设施:符合本规范第 9.2.1 条第 3 款的规定。
2 线路设施:符合本规范第 10.2.1 条第 2 款的规定。
3 电力系统:符合本规范第 12.2.1 条第 4 款的规定。
4 牵引网:引出和引入牵引变电所、分区所、开闭所的 27.5 kV 架空馈线至所内终端架构(不含)由牵引网负责维护;引出和引入牵引变电所、分区所、开闭所的 27.5 kV 电缆馈线至所内开关柜电缆接头(不含)由牵引网负责维护。
5 通信系统:符合本规范第 15.2.1 条第 2 款的规定。
6 消防报警系统:牵引变电所、分区所的 FAS 系统由火灾自动报警系统负责维护。

13.2.2 维护方应建立技术（档案）资料管理制度。技术（档案）资料宜包括：

1 工程竣工及验收资料：竣工工程数量表、设备数量表、整定计算单（含故障测距整定）、电气设备、安全用具和绝缘工具等交接试验报告等。

2 工程竣工图纸：一次接线图、室内外设备平面布置图、室外配电装置断面图、保护装置原理图、二次接线的展开图、安装图和电缆手册等。

3 工程施工记录：设备进场验收记录、隐蔽工程记录、设备安装记录、施工质量验收记录等。

4 项目技术资料：技术规格说明、合格证、出厂试验记录和试验报告、安装维护手册（使用说明书）、抽样检验报告、设备招标技术规格书、产品供应合同和主要元件服役年限期内维修报价等。

5 抢修及应急预案。

13.2.3 维护方应建立设施设备运用台账，按时填写各项原始记录、台账、技术履历、报表，宜包括定期检修工作计划表、设备维护标准、设备分项状态评定标准、设备故障登记表、设备故障分类统计表、设备故障检修单、设备故障统计汇总表、仪器仪表统计表、备品备件出入库登记及返修记录表等。台账内容宜符合下列要求：

1 运行日志：应由值守人员填写当班期间牵引变电所的运行情况。

2 蓄电池开路电压测量记录：应由值守人员测试填写，每季度不应少于1次。

3 设备缺陷记录：应由巡视人员、发现缺陷的人员和处理缺陷负责人填写日常运行中发现的缺陷及其处理情况。

4 保护装置动作及断路器自动跳闸记录：应由值守人员填写各类保护装置（不含避雷器）动作及断路器自动跳闸情况。

5 保护装置整定记录:应记录保护装置的整定情况。

6 避雷器动作记录:应由值守人员填写避雷器动作情况及运行时的泄漏电流。

7 主变压器过负荷记录:应由值守人员按设备编号分别填写主变压器过负荷情况。

8 倒闸操作命令记录。

9 作业命令记录。

10 设备检修记录。

11 上述1～7款可装订成册或建立电子版台账;8～10款应有纸质记录。

13.3 设备维护

13.3.1 牵引供电系统设备维护工作应采用巡视、日常维护、中修、大修等维修机制,宜结合采用状态修、均衡修等维修策略。

13.3.2 有人值守的牵引变电所每天应至少巡视1次(不含交接班巡视),每周应至少夜间熄灯巡视1次,每次断路器跳闸后应对有关设备进行巡视。

13.3.3 无人值守的分区所、开闭所、接触网开关站每月现场巡视应不少于2次,每季度现场夜间巡视应不少于1次。

13.3.4 值守人员对新装或大修变压器投入运行的24 h内,应每隔2 h巡视1次。

13.3.5 巡视应按既定巡视路线图进行。遇到下列情况,宜适当增加巡视次数:

1 设备过负荷,或负荷有显著增加时。

2 设备经过大修、改造或长期停用后重新投入系统运行时。

3 新安装的设备投入系统运行时。

4 遇有雾、雪、大风雷雨等恶劣天气以及事故跳闸、存在设备异常运行时。

13.3.6 牵引供电系统的检修内容宜符合下列规定：

1 日常维护：维持性修理，应对设备进行检查、清扫维护，更换易损件。

2 中修：应根据检测、试验结果对存在问题的设备按计划开展局部更换。

3 大修：在设备达到使用寿命后应按计划整体更换。

14 牵引网维护技术要求

14.1 维护对象

14.1.1 牵引网是从牵引供电系统获取电能,用于向电力驱动行驶的车辆提供电能的输电线路。

14.1.2 牵引网主要包括接触网、供电线、加强线、接地线、回流线等附加导线以及系统运营所需其他装置,还可包括与接触网永久相连的、用于向照明灯、运行信号、控制设备、加热设备等其他电气设备供电的导体。其中,接触网装置主要由支柱、基础、支持结构、接触悬挂等组成。

14.2 设备管理

14.2.1 牵引网与其他专业的维护分界宜遵循下列要求:
 1 土建设施:符合本规范第9.2.1条第4款的规定。
 2 线路设施:符合本规范第10.2.1条第3款的规定。
 3 牵引供电系统:符合本规范第12.2.1条第4款的规定。
 4 通信系统:符合本规范第15.2.1条第2款的规定。
 5 信号系统:设有吸上线与扼流变压器连接时,连接板(或端子,含)及上部螺栓和吸上线由牵引网负责维护。

14.2.2 维护方应建立技术(档案)资料管理制度。技术(档案)资料宜包括:
 1 工程竣工及验收资料:接触网"一杆一档"资料、接触网静态及动态参数检测报告、接触网设备履历、设备数量统计表、轨面标准线测量记录、隐蔽工程记录、各类试验报告。

2 工程竣工图纸：供电分段示意图、接触网平面布置图、安装图。

3 项目技术资料：技术规格说明、合格证、出厂试验记录和试验报告、安装维护手册(使用说明书)、抽样检验报告。

4 接触网外部环境有关资料(跨线桥、防洪重点处所、周边污染源、危险树木、沉降区段等)。

5 设备检修记录。

6 抢修及应急预案。

7 接触网维修材料、抢修材料明细表。

14.2.3 维护方应建立设施设备运用台账，按时填写各项原始记录、台账、技术履历、报表，宜包括定期检修工作计划表、设备维护标准、设备分项状态评定标准、设备故障登记表、设备故障分类统计表、设备故障检修单、设备故障统计汇总表、仪器仪表统计表、备品备件出入库登记及返修记录表等。台账内容宜符合下列要求：

1 设备进行维修或发生变化时，应及时修订设备履历表记录并更新台账，更新相应图纸资料。

2 运用台账应包含接触网"一杆一档"资料台账、值班日志、接触网检测监测记录、接触网巡视检查记录、接触网分析诊断记录、接触网维修记录等。

14.3 设备维护

14.3.1 牵引网维修工作应坚持"预防为主、重检慎修"的方针，按照"定期检测、状态维修、寿命管理"的原则，遵循专业化、机械化、集约化维修方式，宜结合智能化、数字化手段或平台，实行"运行、检测、维修"分离和集中维修的组织模式。

14.3.2 维护方班组的执勤地理位置应根据电力设备沿线特点合理设置，满足故障处置的快速反应、及时处置要求。

14.3.3 牵引网运行维修应通过对设备定期检测、分析诊断、质量评价和鉴定的方式,依据评价和鉴定结果开展维修。

14.3.4 牵引网维护方应设立接触网运行、检测和维修的管理组织机构,配齐相关机具和材料,建立健全技术(档案)资料台账,实行维修成本预算管理,制定设备抢修预案及管理制度。

14.3.5 牵引网宜结合供电安全检测监测系统等手段开展定期检测,通过实时、定期分析诊断,设定标准值、警示值、限界值等设备状态,划分缺陷等级,为设备维修提供依据。

14.3.6 牵引网的维护工作应采用巡视、日常维护、中修、大修等维修机制,宜结合状态修、均衡修等维修策略。检修内容宜符合下列规定:

  1 日常维护:维持性修理,应对设备进行检查、清扫维护,更换易损件。

  2 中修:应根据检测、试验结果对存在问题的设备按计划开展局部更换。

  3 大修:在设备达到使用寿命后应按计划整体更换。

14.3.7 接触网巡视可采用视频监视、步行或登乘巡视检查等方式,巡视要求宜符合下列规定:

  1 视频监视方式应对接触网外观、零部件状态、主导电回路、绝缘状况、外部环境和弓网配合等运行状态进行监视测量,可采用移动视频监测和定点视频监测等方式。其中:

   1) 移动视频监测应利用安装在检测车辆、作业车、动车组上部的监测设备对接触网进行外观检查。宜采用接触网安全巡检装置(2C)、车载接触网运行状态检测装置(3C)、接触网悬挂状态检测监测装置(4C)。

   2) 定点视频监测应利用安装于接触网关键部位、特殊地点的视频监测设备,监测列车通过时接触网或受电弓状态,接触网设备绝缘状态、温度、位移变化,以及外部环境是否异常。宜采用受电弓滑板监测装置(5C)、接触网及供电设备地面监测装置(6C)。

2 接触网步行巡视方式的检查周期宜不大于0.5个月,检查内容宜包括:有无侵入限界、妨碍列车运行的障碍;各类线索、零部件、各种供电附属设施等有无烧损、松脱、偏移等情况;补偿装置有无损坏,动作是否灵活;绝缘部件有无破损和闪络;吸上线及各部地线的连接是否良好;支柱、拉线与基础有无破损、下陷、变形等异常;限界门、安全挡板或网栅、各种标识是否齐全、完整;自动过分相地面磁感应器有无缺损、破裂或丢失;有无施工作业及其他周边环境等危及接触网供电和行车安全的现象。

3 必要时,维护方可进行登乘巡视检查,检查内容宜包括:接触网状态及外部环境;有无侵入限界、妨碍列车运行的障碍;有无施工作业及其他周边环境等危及接触网供电和行车安全的现象;绝缘部件有无闪络放电现象以及电力机车、动车组受电弓取流情况。

14.3.8 维护方应定期组织开展接触网动态运行质量评价和设备整体技术状态质量鉴定。

15 通信系统维护技术要求

15.1 维护对象

15.1.1 通信系统在日常运营时为运营管理、行车指挥、设备监控、防灾报警、乘客服务等业务提供安全可靠的语音、数据、图像等信息传递功能;在异常或紧急情况时为抢险救灾、应急救援、乘客疏散、故障或事故处理等工作提供远程、实时、多媒体的手段。

15.1.2 通信系统主要包括传输系统、电话交换系统、有线调度通信系统、移动通信系统、时间及时钟同步系统、综合视频监控系统、综合网管系统、电源及接地系统、应急通信系统、通信线路、公安消防无线通信系统、公安计算机网络系统等。

15.2 设备管理

15.2.1 通信系统与其他专业的维护分界宜遵循下列要求:

1 电信运营商:运营商端口设备(不含)至通信设备由通信系统负责维护。

2 各专业业务传输:通信配线架模块(含)至通信设备由通信系统负责维护。

3 动车组:符合本规范第 11.2.1 条第 1 款的规定。

4 电力系统:符合本规范第 12.2.1 条第 2 款的规定。

5 综合监控系统:符合本规范第 21.2.1 条第 1 款的规定。

6 云平台:符合本规范第 28.2.1 条第 1 款的规定。

15.2.2 维护方应建立技术(档案)资料管理制度。技术(档案)资料宜包括:工程竣工资料、验收记录;系统图、网络拓扑图、机架面板图、设备连接图等;布线系统图;机房平面布置图;设备技术(档案)资料,包括说明书、维护手册、操作手册等;仪器、仪表的说明书、使用手册等;设备检修记录;抢修及应急预案;维护方案;等等。

15.2.3 维护方应建立设施设备运用台账,按时填写各项原始记录、台账、技术履历、报表,宜包括定期检修工作计划表、设备维护标准、设备分项状态评定标准、设备故障登记表、设备故障分类统计表、设备故障检修单、设备故障统计汇总表、仪器仪表统计表、备品备件出入库登记及返修记录表、系统配置文件表、系统应用软件明细表等。台账内容宜包括:各类设备名称、可替换单元(机笼、主板、板卡等)名称、规格型号、部署位置等;各类缆线敷设路由、规格型号、车站、端子分配等。

15.3 设备维护

15.3.1 通信系统维护工作应采用日常维护、中修、大修等维修机制,宜结合采用状态修、均衡修等维修策略。大修宜包括周期性大修与更新改造,大修前应开展设备状态评估。

15.3.2 通信系统中综合视频监控系统的维护保养宜符合现行行业标准《安全防范系统维护保养规范》GA/T 1081 的规定。

15.3.3 日常维护应包括对设备的清扫、外观检查、状态检查、功能检查、调整、损耗件更换、系统优化、数据备份等常规性维修作业。

15.3.4 中修应在系统运行时间达到规定值时,对关键部件或设备进行深度清洁、测试、维修、更换,以恢复其原始技术状态,达到运用要求和质量验收标准。

15.3.5 大修应在系统在运行时间达到规定值时,对系统进行全面测试、维修、更换,以恢复其原始技术状态,或在原技术等级范围内局部改善,达到运用要求和质量验收标准。

15.3.6 更新改造应通过新建、新购线路设备替换需报废、拆除的原线路设备,实现对既有线路设备的系统性技术改造、改良的升级更新。

16 信号系统维护技术要求

16.1 维护对象

16.1.1 信号系统是实现市域铁路行车指挥和监控、保障行车安全、提高运行效率的关键系统。

16.1.2 信号系统主要包括列车运行控制（CTCS）、列车自动运行（ATO）、调度集中（CTC）、计算机联锁（CBI）、信号集中监测（CSM）等子系统，以及电源、轨道电路、转辙机、信号机等其他设备。其中，CBI 子系统可与 CTCS 子系统集成设置。

16.2 设备管理

16.2.1 信号系统与其他专业的维护分界宜遵循下列要求：

1 线路设施：符合本规范第 10.2.1 条第 4 款的规定。
2 动车组：符合本规范第 11.2.1 条第 2 款的规定。
3 电力系统：符合本规范第 12.2.1 条第 2 款的规定。
4 通信系统：符合本规范第 15.2.1 条第 2 款的规定。
5 信息系统：信息配线架模块（不含）至信号设备由信号系统负责维护。
6 综合监控系统：符合本规范第 21.2.1 条第 1 款的规定。
7 雨量及异物侵限监测系统：信号分线盘端子排（含）至信号设备由信号系统负责维护。
8 站台门系统：站台门主控机通信端子排（含）至站台门设备由站台门系统负责维护。
9 云平台：符合本规范第 28.2.1 条第 1 款的规定。

16.2.2 维护方应建立技术(档案)资料管理制度。技术(档案)资料宜包括：

1 工程竣工资料、验收记录。

2 设备建筑接近限界资料。

3 图纸资料，包括联锁室内外图册、自动闭塞室内外图册、信号集中监测图册、列控数据表及其他系统图册。

4 设备技术(档案)资料，包括维护手册、使用手册、说明书等技术(档案)资料。

5 管理台账，包括设备台账、履历簿(含设备交接手续)。

6 测试记录，包括联锁试验记录、电特性测试记录等。

7 仪器仪表的说明书、使用手册等。

8 设备检修记录。

9 抢修及应急预案。

16.2.3 维护方应建立设施设备运用台账，按时填写各项原始记录、台账、技术履历、报表，涉及列控设备软硬件变化的台账应及时修订，列控设备供应商应同步建立相应设备管理台账。台账内容应符合下列要求：

1 车载设备资料宜包括司机操作手册、车载设备维护手册、车载设备数据分析报告、列控车载设备检查记录、动车组出所质量联检记录单、动车组检修竣工记录单、列控车载设备出入库检测表。

2 联锁资料宜包括设备图册、特殊电路驱动逻辑关系说明、设备运用维护和操作使用说明书、联锁试验资料。

3 列控系统资料宜包括维护说明、操作手册、技术图纸。

4 调度集中系统资料宜包括：

　　1) 按线或按段建立设备台账(系统型号、设备组成、建设年、大修年和联网等内容)；

　　2) 管内 IP 地址表、站码；

　　3) 设备使用说明书，硬件及软件技术手册、使用手册、维护手册和设计技术标准。

  5 信号集中监测系统资料宜包括竣工图纸、维护手册、操作手册、IP 地址台账、备用设备台账等。

  6 竣工图宜包括系统结构图、网络构成图、设备布置图、设备原理图、通道网络图和信号设备室内外配线图等。

  7 软件台账、密码台账、系统软件流程图及各软件模块流程图。

  8 管辖区域内各车站、区间信号平面图。

  9 故障处理流程图、原始记录资料。

  10 质量鉴定资料、各种测试和试验资料。

  11 备件、仪器仪表和工具管理台账。

16.2.4 正线信号设备检修作业除特殊情况外，应在运营停止后开展维护作业；车辆基地的信号设备可在不影响运营前提下在运营时段内开展维护作业。

16.2.5 各种表示灯或显示界面应表示正确、亮度适当、易于辨别、互不窜光。

16.2.6 各种箱类、盒类、机构、表示盘等设备应门（盖）严密，盘根作用良好，不进雨雪、不进尘，防止动物寄生；室外箱盒装有继电器时，应采取防震措施。

16.2.7 信号设备机房、电源机房等孔洞应封堵良好，具备设备防尘措施。

16.3 设备维护

16.3.1 信号系统的维护工作应包括日常维护、中修与大修。

16.3.2 日常维护宜包括日常巡视、定期维护及年检；大修宜包括周期性大修与更新改造，大修前应开展设备状态评估。

16.3.3 联锁设备维护管理工作宜包括日常联锁管理、工程验交联锁管理、联锁关系（电路）变更以及科研项目试验的联锁管理。

16.3.4 列控车载设备维护工作应加强业务对接,与动车组开行时刻表、动车组运用维修规程相关联,在日常运用数据(如运行日志数据、动态检测数据、危机检测数据)统计分析的基础上,实行月(年)检修、库检测、日接送以及故障应用处理的维护工作制度。宜采用周期计划修与状态修相结合的修程、修制。

16.3.5 列控设备维护管理工作宜包括日常管理、工程验交管理、软硬件变更管理、列控用数据管理及报文管理等。

17 信息系统维护技术要求

17.1 维护对象

17.1.1 信息系统以满足市域铁路运输组织、客运营销及经营管理的业务开展为需求,实现市域铁路管理、运营、维护的信息化管理。

17.1.2 信息系统主要由客票系统、旅客信息服务系统、动车组管理信息系统、办公信息系统、安防系统等组成。

17.2 设备管理

17.2.1 信息系统与其他专业的维护分界宜遵循下列要求:
 1 电力系统:符合本规范第12.2.1条第2款的规定。
 2 通信系统:符合本规范第15.2.1条第2款的规定。
 3 信号系统:符合本规范第16.2.1条第5款的规定。
 4 综合监控系统:符合本规范第21.2.1条第1款的规定。
 5 安全检查及探测系统:安检区信息插座(含)至信息设备由信息系统负责维护的规定。
 6 云平台:符合本规范第28.2.1条第1款的规定。

17.2.2 维护方应建立技术(档案)资料管理制度。技术(档案)资料宜包括:
 1 工程竣工资料、验收记录。
 2 系统图、网络拓扑图、机架面板图、设备连接图等。
 3 布线系统图、网络设备的端子分配图、系统配电图。
 4 机房平面布置图。
 5 设备技术(档案)资料,包括说明书、维护手册、操作手册等。

  6 仪器仪表的说明书、使用手册等。
  7 设备检修记录。
  8 抢修及应急预案。

17.2.3 维护方应建立设施设备运用台账，按时填写各项原始记录、台账、技术履历、报表，宜包括定期检修工作计划表、设备维护标准、设备分项状态评定标准、设备故障登记表、设备故障分类统计表、设备故障检修单、设备故障统计汇总表、仪器仪表统计表、备品备件出入库登记及返修记录表、系统配置文件表、各系统应用软件明细表等。

17.3 设备维护

17.3.1 信息系统维护工作应采用日常维护、中修、大修等维修机制，宜结合采用状态修、均衡修等维修策略。大修宜包括周期性大修与更新改造工作，大修前应开展设备状态评估。

17.3.2 信息系统中的安防系统维护保养宜符合现行行业标准《安全防范系统维护保养规范》GA/T 1081 的规定。

17.3.3 日常维护应维持设备正常状态，宜开展外部清扫、外观检查、状态检查、功能检查、调整、损耗件更换、系统优化、数据备份等常规性维修作业。

17.3.4 中修应在设备运行时间达到规定值时，对关键部件或设备进行深度清洁、测试、维修、更换，以恢复其原始技术状态，达到运用要求和质量验收标准。

17.3.5 大修应在系统运行时间达到规定值时，对系统进行全面的测试、维修、更换，以恢复其原始技术状态，或在原技术等级范围内局部改善，达到运用要求和质量验收标准。

17.3.6 更新改造应通过新建、新购线路设备替换需报废、拆除的原线路设备，实现对既有线路设备进行系统性技术改造、改良的升级更新。

18 消防报警系统维护技术要求

18.1 维护对象

18.1.1 消防报警系统基于计算机及控制技术,利用通信及图形手段实现防灾报警功能。

18.1.2 消防报警系统主要包括火灾自动报警系统、气体自动灭火系统、感温光纤系统、防火门监控系统、消防电源监控系统、电气火灾监控系统等。

18.2 设备管理

18.2.1 消防报警系统与其他专业的维护分界宜遵循下列要求：

1 电力系统:符合本规范第 12.2.1 条第 2 款的规定。

2 牵引供电系统:符合本规范第 13.2.1 条第 6 款的规定。

3 综合监控系统:符合本规范第 21.2.1 条第 1 款的规定。

4 通风空调系统:专用排烟风机电控柜、电动防烟、排烟防火阀等接线端子排(不含)至消防报警设备由消防报警系统负责维护。

5 给排水及消防系统:消防水泵控制箱、消防水管电动蝶阀执行器、消火栓箱、压力开关、水流指示器、湿式报警阀、信号蝶阀等接线端子排(不含)、气体灭火报警控制器至消防报警设备由消防报警系统负责维护。

6 自动扶梯与电梯设备专业:电(扶)梯控制箱接线端子排(不含)至消防报警设备由消防报警系统负责维护。

18.2.2 维护方应建立技术(档案)管理制度。技术(档案)资料宜包括：
1 工程竣工资料、验收记录。
2 系统图、网络拓扑图、模块箱接线图、设备连接图等。
3 设备说明书、维护手册、操作手册等。
4 设备检修记录。
5 抢修及应急预案。

18.2.3 维护方应建立设施设备运用台账，按时填写各项原始记录、台账、技术履历、报表，宜包括定期检修工作计划表、设备维护标准、设备分项状态评定标准、设备故障登记表、设备故障分类统计表、设备故障检修单、设备故障统计汇总表、仪器仪表统计表、备品备件出入库登记及返修记录表等。

18.3 设备维护

18.3.1 消防报警系统的维护工作应包括日常维护与大修。

18.3.2 日常维护应对不同子系统开展的月检、年检及故障修工作，对设备状态进行确认，针对设备故障进行排查，并更换故障件。

18.3.3 烟感探测器、消防专用图形工作站宜增加季检和半年检工作。

18.3.4 大修应包括周期性大修与更新改造工作。

18.3.5 周期性大修应对设备进行周期性的维修或更换，确保系统功能正常，维持或恢复设备功能至设计状态。

18.3.6 更新改造应对已无法保证运行安全、已停产或部件停产且无替代的设备和备件以及部分功能需要升级的设备进行更新与改造升级。

19 环境与设备监控系统维护技术要求

19.1 维护对象

19.1.1 环境与设备监控系统通过集中监视、控制和管理所辖各类机电设施设备,实现对车站及区间内的空调、通风、给排水、照明、车站动力、自动扶梯等机电设备的自动化运行管理。

19.1.2 环境与设备监控系统主要包括中心级系统、车站级(包括各车站、车辆基地)系统、现场控制级系统、维修测试系统、培训管理系统等。

19.2 设备管理

19.2.1 环境与设备监控系统与其他专业的维护分界宜遵循下列要求:

  1 电力系统:符合本规范第12.2.1条第2款的规定。

  2 综合监控系统:符合本规范第21.2.1条第1款的规定。

  3 通风空调与采暖设备:风机电控柜、冷水机组电控柜、空调机组、新风机组等接线端子排(不含)至环境与设备监控设备由环境与设备监控系统负责维护。

  4 给排水及消防系统:水泵控制箱接线端子排(不含)至环境与设备监控设备由环境与设备监控系统负责维护。

  5 站台门系统:站台门主控机的通信端子排(不含)至环境与设备监控设备由环境与设备监控系统负责维护。

  6 电(扶)梯系统:电(扶)梯控制箱接线端子排(不含)至环境与设备监控设备由环境与设备监控系统负责维护。

19.2.2 维护方应建立技术（档案）管理制度。技术（档案）资料宜包括：
  1 工程竣工资料、验收记录。
  2 系统图、网络拓扑图、模块箱接线图、设备连接图等。
  3 设备说明书、维护手册、操作手册等。
  4 设备检修记录。
  5 抢修及应急预案。

19.2.3 维护方应建立设施设备运用台账，按时填写各项原始记录、台账、技术履历、报表，宜包括定期检修工作计划表、设备维护标准、设备分项状态评定标准、设备故障登记表、设备故障分类统计表、设备故障检修单、设备故障统计汇总表、仪器仪表统计表、备品备件出入库登记及返修记录表等。

19.3 设备维护

19.3.1 环境与设备监控系统设备的维护工作应包括日常维护与大修。

19.3.2 环境与设备监控系统设备的日常维护宜包括月检、季检、半年检和年检。

19.3.3 月检工作宜对各类主机设备、网络控制器、UPS 主机、面板指示灯、蓄电池组、远程模块箱（RIO）箱内模块、可编程控制器 PLC 柜内模块、继电器的外观/功能开展抽查。

19.3.4 季检工作宜对 UPS 主机、蓄电池组、可编程控制器 PLC 柜内模块、继电器、RIO 箱内模块、各类传感器外观及接线开展检查/抽查以及功能性试验。

19.3.5 半年检工作宜对工作站主机部件、板卡、硬盘、电源、打印机、各类调节阀外观及接线开展检查/抽查。

19.3.6 年检工作宜对远程模块箱 RIO 箱内控制器、输出继电器、网络外观、控制机柜内部接线端子、接地、锁具、接线、IBP 模块、箱体密封、操作面板/灯、按钮开展检查/抽查以及工况模式试验。

19.3.7 大修应包括周期性大修与更新改造,大修前应开展设备状态评估。

19.3.8 周期性大修应按照不同设备维修周期对系统设备开展维修,实现维持设备状态可靠、功能正常。

19.3.9 更新改造应对系统设备进行整体更新与改造,实现系统功能恢复到设计技术状态。

20 门禁系统维护技术要求

20.1 维护对象

20.1.1 门禁系统实现对控制中心、车站及车辆基地的设备管理区通道门、办公用房和设备用房的统一监控和管理,兼顾员工的自动化考勤功能。

20.1.2 门禁系统主要包括中央管理级、车站管理级(车站、控制中心本地、车辆基地、变电所等)、门禁终端设备、门禁卡及配套通信网络等。

20.2 设备管理

20.2.1 门禁系统与其他专业的维护分界宜遵循下列要求:
   1 土建设施:符合本规范第9.2.1条第5款的规定。
   2 电力系统:符合本规范第12.2.1条第2款的规定。
   3 通信系统:符合本规范第15.2.1条第2款的规定。
   4 综合监控系统:见本规范第21.2.1条第1款的规定。
   5 云平台:符合本规范第28.2.1条第1款的规定。

20.2.2 维护方应建立技术(档案)管理制度。技术(档案)资料宜包括:
   1 工程竣工资料、验收记录。
   2 系统图、网络拓扑图、模块箱接线图、设备连接图等。
   3 设备说明书、维护手册、操作手册等。
   4 设备检修记录。
   5 抢修及应急预案。

20.2.3 维护方应建立设施设备运用台账,按时填写各项原始记录、台账、技术履历、报表,宜包括定期检修工作计划表、设备维护标准、设备分项状态评定标准、设备故障登记表、设备故障分类统计表、设备故障检修单、设备故障统计汇总表、仪器仪表统计表、备品备件出入库登记及返修记录表等。

20.3 设备维护

20.3.1 门禁系统的维护工作应包括日常维护与大修。

20.3.2 日常维护工作宜包括月检、年检及故障修。通过对各类控制器外观和内部保养检查及功能测试,针对设备故障进行排查,更换故障件,以确保设备状态正常、功能性能良好。

20.3.3 大修应包括周期性大修与更新改造,大修前应开展设备状态评估。

20.3.4 周期性大修应按照不同设备维修周期对系统设备开展维修,实现维持设备状态可靠、功能正常。

20.3.5 更新改造应对系统设备进行整体更新与改造,实现系统功能恢复到设计标准状态。

21 综合监控系统维护技术要求

21.1 维护对象

21.1.1 综合监控系统通过集成和互联不同对象设备或系统,实现对机电/弱电设备的集中监控和协调联动。

21.1.2 综合监控系统主要包括中心级系统、车站级系统、场/段系统、培训管理系统、维护管理系统等。

21.2 设备管理

21.2.1 综合监控系统与其他专业的维护分界宜遵循下列要求:

  1 各专业监控管理:综合监控系统边界交换机、前端处理器设备端口、控制盘、配线架(含)至综合监控设备由综合监控系统负责维护。

  2 电力系统:符合本规范第 12.2.1 条第 2 款的规定。

  3 通信系统:符合本规范第 15.2.1 条第 2 款的规定。

  4 云平台:符合本规范第 28.2.1 条第 1 款的规定。

21.2.2 维护方应建立技术(档案)管理制度。技术(档案)资料宜包括:

  1 工程竣工资料、验收记录。

  2 系统图、网络拓扑图、机架面板图、设备连接图等。

  3 机房平面布置图。

  4 设备说明书、维护手册、操作手册等。

  5 设备检修记录。

  6 抢修及应急预案。

21.2.3 维护方应建立设施设备运用台账，按时填写各项原始记录、台账、技术履历、报表，宜包括定期检修工作计划表、设备维护标准、设备分项状态评定标准、设备故障登记表、设备故障分类统计表、设备故障检修单、设备故障统计汇总表、仪器仪表统计表、备品备件出入库登记及返修记录表、系统配置文件表、各系统应用软件明细表等。

21.3 设备维护

21.3.1 综合监控系统维护应包括日常维护与大修，宜结合采用故障修、状态修等维修策略。

21.3.2 日常维护宜包括日常巡检、日常养护、集中维护、检修、调试等。

21.3.3 大修宜包括周期性大修与更新改造工作，大修前应开展设备状态评估。

21.3.4 周期性大修应按照不同设备维修周期对系统设备开展维修，实现维持设备状态可靠、功能正常。

21.3.5 更新改造应对系统设备进行整体更新与改造，实现系统功能恢复到设计标准状态。

22 雨量及异物侵限监测系统维护技术要求

22.1 维护对象

22.1.1 雨量及异物侵限监测系统是市域铁路列车行车安全的一种保障系统,实现对市域铁路沿线雨量及上跨铁路的道路桥梁异物侵限实时监测。

22.1.2 雨量及异物侵限监测系统主要包括中心级系统、现场级检测设备。其中现场监测设备主要由监控单元及现场采集设备组成。

22.2 设备管理

22.2.1 雨量及异物侵限监测系统与其他专业的维护分界宜遵循下列要求:
  1 电力系统:符合本规范第12.2.1条第2款的规定。
  2 通信系统:符合本规范第15.2.1条第2款的规定。
  3 信号系统:符合本规范第16.2.1条第7款的规定。

22.2.2 维护方应建立技术(档案)管理制度。技术(档案)资料宜包括:
  1 工程竣工资料、验收记录。
  2 系统图、网络拓扑图、模块箱接线图、设备连接图等。
  3 设备说明书、维护手册、操作手册等。
  4 设备检修记录。
  5 抢修及应急预案。

22.2.3 维护方应建立设施设备运用台账，按时填写各项原始记录、台账、技术履历、报表，宜包括定期检修工作计划表、设备维护标准、设备分项状态评定标准、设备故障登记表、设备故障分类统计表、设备故障检修单、设备故障统计汇总表、仪器仪表统计表、备品备件出入库登记及返修记录表等。

22.3 设备维护

22.3.1 雨量及异物侵限监测系统的维护应包括日常维护、大修。根据设备技术状态和运输安全需要，有计划和针对性地进行整治，恢复本系统设备质量，确保设备安全、可靠、正常使用。

22.3.2 雨量及异物侵限监测系统大修根据系统设备现状，可采取整体或局部大修方式进行。

23 通风空调与采暖设备维护技术要求

23.1 维护对象

23.1.1 通风、空调与采暖系统在各类建筑和隧道区间内,为满足人员生理及心理要求和设备正常运转所需的空气环境,实现维持和保障其内部空气质量、温度、湿度、气流组织、气流速度和噪声等的成套设备。

23.1.2 通风、空调与采暖设备主要包括风机、风阀、冷水机组、冷却塔、水泵、空调末端、水处理装置等部分。

23.2 设备管理

23.2.1 通风、空调与采暖设备与其他专业的维护分界宜遵循下列要求:
 1 电力系统:见本规范第12.2.1条第2款。
 2 环境与设备监控系统:见本规范第19.2.1条第3款。

23.2.2 各类设备装置应建立健全维护保养管理制度及操作规程;维护管理人员应熟悉通风、空调与采暖系统的原理、性能和操作维护规程。

23.2.3 维护方应建立技术(档案)管理制度。技术(档案)资料宜包括:
 1 竣工图、操作手册、维修与保养手册。
 2 产品合格证、出厂检(试)验报告以及安装、改造、移装、重大维修的资料和报告。
 3 设备运行故障与事故、重大缺陷及处理记录。

4 日常使用状况和检修记录。
5 应急救援演练记录。

23.2.4 维护方应建立通风空调与采暖系统及其各项设施设备运用台账，按时填写各项原始记录、台账、技术履历、报表，宜包括系统维修与保养手册、定期检修工作计划表、设备维护标准、设备分项状态评定标准、设备故障登记表、设备故障分类统计表、设备故障检修单、设备故障统计汇总表、仪器仪表统计表、备品备件出入库登记及返修记录表等。

23.3 设备维护

23.3.1 通风、空调与供暖设备的维护工作应包括日常维护、中修及大修，宜结合采用状态修、均衡修等维修策略。

23.3.2 设备日常维护主要包括月检、季度检、年检、6年检、故障修，通过对设备清洁、调整、状态确认及故障维修，确保设备状态良好。

23.3.3 中修根据设备部件的工作状态，经评估后进行更换与维修。

23.3.4 大修结合各类设备运行建议，经状态评估后对设备进行更换与维修。

24 给排水及消防系统维护技术要求

24.1 维护对象

24.1.1 给水系统是向建筑各个用水点供应符合水压、水质和水量要求的水管网;排水系统是将建筑的污水、废水、渗漏水和雨水收集后排入市政雨(污)的水管网;消防系统是供给建筑各类消防灭火设备用水的水管网。

24.1.2 给排水及消防系统主要包括自动喷水及消火栓、车站排水泵及附属设施、区间排水泵及附属设施、给水泵及附属设施、密闭提升设备及附属设施、管道阀门水箱及附属设施、地面(室外)给排水设施(水表、井、阀门、压力井、检查井、冲洗用设施等)、消防泵、喷淋泵系统、污水处理装置、室内外消火栓、钢结构等设备。

24.2 设备管理

24.2.1 给排水及消防系统与其他专业的维护分界宜遵循下列要求:
    1 电力系统:符合本规范第12.2.1条第2款的规定。
    2 消防报警系统:符合本规范第18.2.1条第5款的规定。
    3 环境与设备监控系统:符合本规范第19.2.1条第4款的规定。

24.2.2 维护方应建立给排水及消防设施值班、巡查、检测、维修、保养、建档等制度,确保车站内的给排水及消防设施正常运行。

24.2.3 维护方应熟悉和掌握给排水及消防系统的原理、性能和操作规程。

24.2.4 维护方应建立技术(档案)管理制度。技术(档案)资料宜包括：

  1 工程竣工资料、验收记录。
  2 设备平面布置图。
  3 设备说明书、维护手册、操作手册等。
  4 设备检修记录。
  5 抢修及应急预案。

24.2.5 维护方应建立给排水及消防系统及其各项设施设备运用台账，按时填写各项原始记录、台账、技术履历、报表，宜包括系统维修与保养手册、定期检修工作计划表、设备维护标准、设备分项状态评定标准、设备故障登记表、设备故障分类统计表、设备故障检修单、设备故障统计汇总表、仪器仪表统计表、备品备件出入库登记及返修记录表等。

24.3 设备维护

24.3.1 给排水及消防设备的维护工作应包括日常维护与大修，宜结合采用状态修、均衡修等维修策略。

24.3.2 给排水及消防设备的日常维护主要包括日检、周检、月检、月维护、季检、半年检、年检、故障修等。

24.3.3 日常维护宜以检查为主，通过对不同设备制定不同的检查周期，检查设备的质量、状态、牢固性、可靠性，对设备进行清洁、测试，并对发现的故障进行故障修。

24.3.4 大修应按照不同设备维修周期对系统设备开展局部或整体更换，实现维持设备状态可靠、功能正常。

25 站台门系统维护技术要求

25.1 维护对象

25.1.1 站台门设于车站站台边缘,将行车的轨道区与站台候车区进行分隔,形成与列车门相对应、可多级控制开启与关闭活动门的连续屏障。

25.1.2 站台门系统主要包括机械部分(门体结构和门机系统)、电气部分(电源系统和监控系统)及辅助设备等部分。

25.2 设备管理

25.2.1 站台门系统与其他专业的维护分界宜遵循下列要求:
1 电力系统:符合本规范第12.2.1条第2款的规定。
2 信号系统:符合本规范第16.2.1条第8款的规定。
3 环境与设备监控系统:符合本规范第19.2.1条第5款的规定。

25.2.2 维护方应建立技术(档案)管理制度。技术(档案)资料宜包括:
1 工程竣工资料、验收记录。
2 电源系统图、PSC柜控制原理图、接线图、网络拓扑图、PSL控制原理图、IBP盘控制原理图、门体机械图、门机系统图等。
3 布线系统图。
4 机房平面布置图。
5 设备技术说明书、维护手册、操作手册等。

  6 仪器、仪表的说明书、使用手册等。
  7 设备检修记录。
  8 抢修及应急预案。

25.2.3 维护方应建立设施设备运用台账，按时填写各项原始记录、台账、技术履历、报表，宜包括定期检修工作计划表、设备维护标准、设备分项状态评定标准、设备故障登记表、设备故障分类统计表、设备故障检修单、设备故障统计汇总表、仪器仪表统计表、备品备件出入库登记及返修记录表等。

25.3 设备维护

25.3.1 站台门系统维护工作应包括日常维护、大修等，宜结合采用状态修、均衡修等维修策略。

25.3.2 日常维护工作宜包括周巡检、月度保养、季度保养、半年度保养和年度保养等。

25.3.3 大修应按照不同设备维修周期对系统设备开展局部或整体更换，实现维持设备状态可靠、功能正常。

26 自动扶梯与电梯设备维护技术要求

26.1 维护对象

26.1.1 自动扶梯是一种固定电力驱动的倾斜输送设备,用于连续不断地向上或向下输送乘客;垂直电梯是一种服务于建筑物内若干特定楼层的固定式升降运输设备。

26.1.2 自动扶梯主要包括梯级、牵引链条、梯路导轨系统、驱动装置、张紧装置、扶手装置和金属结构等。

26.1.3 电梯主要包括曳引系统、导向系统、轿厢、门系统、重量平衡系统、电力拖动系统、电气控制系统、安全保护系统等。

26.2 设备管理

26.2.1 自动扶梯与电梯与其他专业的维护分界宜遵循下列要求:

1 电力系统:符合本规范第12.2.1条第2款的规定。
2 环境与设备监控系统:符合本规范第19.2.1条第6款的规定。

26.2.2 维护方应建立技术(档案)管理制度。技术(档案)资料宜包括:

1 工程竣工资料、验收记录。
2 电源系统图、控制原理图、接线图、网络拓扑图、IBP盘控制原理图、装置机械图、系统图等。
3 设备说明书、维护手册、操作手册等。
4 仪器、仪表的说明书、使用手册等。

  5 设备检修记录。

  6 抢修及应急预案。

26.2.3 维护方应建立设施设备运用台账,按时填写各项原始记录、台账、技术履历、报表,宜包括定期检修工作计划表、设备维护标准、设备分项状态评定标准、设备故障登记表、设备故障分类统计表、设备故障检修单、设备故障统计汇总表、仪器仪表统计表、备品备件出入库登记及返修记录表等。

26.3 设备维护

26.3.1 自动扶梯与电梯的维护保养应符合现行国家标准《电梯、自动扶梯和自动人行道维修规范》GB/T 18775 的规定。

26.3.2 维护方应依法取得维修许可,并在许可范围内从事自动扶梯、电梯设备维护工作。

26.3.3 自动扶梯与电梯的维护工作应分为日常维护和大修,宜结合采用状态修、均衡修等维修策略。

26.3.4 自动扶梯与电梯的日常维护工作宜包括半月检、月检、季度检、半年检、年检。宜对设备不同周期的部件开展检查与维护,检查设备基本技术状态,消除设备缺陷,满足设备运行主要功能。

26.3.5 均衡修宜针对自动扶梯、垂直电梯各组件进行维修周期优化,实现设备部件的均匀更换节奏。

26.3.6 大修应根据设备不同的运行时间以及设备状态,通过对安全保护装置、安全技术规范规定的主要部件进行周期性整体或部分更换,实现设备性能恢复。

27 安全检查及探测系统维护技术要求

27.1 维护对象

27.1.1 安全检查及探测系统对进入保护单位活动区域的人员和枪支子弹、管制器具、压力气罐、炸药、危险液体、有毒有害气体等禁（限）带物品进行检查及探测处置。

27.1.2 安全检查及探测系统主要包括微剂量 X 射线安全检查设备、金属探测门、痕量炸药探测仪、危险液体检查仪、有毒有害气体探测仪、防爆罐等。

27.2 设备管理

27.2.1 安全检查及探测系统与其他专业的维护分界宜遵循下列要求：
  1 电力系统：符合本规范第 12.2.1 条第 2 款的规定。
  2 信息系统：符合本规范第 17.2.1 条第 5 款的规定。

27.2.2 维护方应建立技术（档案）管理制度。技术（档案）资料宜包括：
  1 工程竣工资料、验收记录。
  2 接线图、网络拓扑图、系统图等。
  3 设备说明书、维护手册、操作手册等。
  4 设备检修记录。
  5 抢修及应急预案。

27.2.3 维护方应建立设施设备运用台账，按时填写各项原始记录、台账、技术履历、报表，宜包括定期检修工作计划表、设备维护标准、设备分项状态评定标准、设备故障登记表、设备故障分类统计表、设备故障检修单、设备故障统计汇总表、仪器仪表统计表、备品备件出入库登记及返修记录表等。

27.3 设备维护

27.3.1 安全检查及探测系统的维护工作应分为日常维护和大修,宜结合采用状态修、均衡修等维修策略。

27.3.2 安全检查及探测系统的维护保养宜符合现行行业标准《安全防范系统维护保养规范》GA/T 1081 的规定。

27.3.3 日常维护应对设备定期开展部件检查与维护,检查设备基本技术状态,消除设备缺陷,满足设备运行主要功能。

27.3.4 大修应根据不同设备的运行时间以及设备状态,通过对关键部件进行整体或部分更换,实现设备性能恢复。

28 云平台维护技术要求

28.1 维护对象

28.1.1 云平台是一种基于云计算技术的信息资源系统,为市域铁路生产运营管理提供统一的资源管理和调度,满足信息资源的集约化、高效化利用目标。

28.1.2 云平台主要包括硬件资源(服务器、交换机、存储设备等)、虚拟资源、应用业务和数据等。

28.2 设备管理

28.2.1 云平台与其他专业系统的维护分界宜遵循下列要求:
  1 各专业业务承载:以双方约定的信息资源交付模式(IaaS、PaaS 或 SaaS 等)为基准,资源层由云平台负责维护,业务层由各专业负责维护;云平台边界交换机端口或配线架(含)至云平台设备由云平台负责维护。
  2 电力系统:符合本规范第 12.2.1 条第 2 款的规定。

28.2.2 云平台的运维组织应根据"业务—资源"运行模式和维护界面,合理构建并开展云平台及承载业务的运行维护工作。

28.2.3 云平台网络应根据业务种类和重要等级,划分为安全生产网、内部管理网、外部服务网、运维管理网等网域,各网域宜独立部署网络、服务器、存储、安全等设备并区别维护。

28.2.4 云平台维护工作宜包括云平台系统维护管理、云平台计算及存储资源管理、云平台网络资源管理、云平台安全资源管理等。

28.2.5 维护方应建立技术(档案)管理制度。技术(档案)资料宜包括：

    1 工程竣工资料、验收记录。

    2 业务配置表、系统图、网络拓扑图、机架面板图、设备连接图等。

    3 机房平面布置图。

    4 设备说明书、维护手册、操作手册等。

    5 仪器、仪表的说明书、使用手册等。

    6 设备检修记录。

    7 抢修及应急预案。

28.2.6 维护方应建立设施设备运用台账，按时填写各项原始记录、台账、技术履历、报表，宜包括定期检修工作计划表、设备维护标准、设备分项状态评定标准、设备故障登记表、设备故障分类统计表、设备故障检修单、设备故障统计汇总表、仪器仪表统计表、备品备件出入库登记及返修记录表等。

28.3 设备维护

28.3.1 维护工作应包括日常维护与大修，宜结合采用故障修、状态修等维修策略。

28.3.2 日常维护工作宜包括月检、年检及故障修，宜通过对各类控制器外观和内部保养检查及功能测试，针对设备故障进行排查，更换故障件，以确保设备状态正常、功能性能良好。

28.3.3 大修应包括周期性大修与更新改造，大修前应开展设备状态评估。

28.3.4 周期性大修应按照不同设备维修周期对系统设备开展维修，实现维持设备状态可靠、功能正常。

28.3.5 更新改造应对系统设备进行整体更新与改造，实现系统功能恢复到设计标准状态。

29 车辆检修设备及工程检修车辆维护技术要求

29.1 维护对象

29.1.1 车辆检修设备主要包括不落轮镟床、轮对在线检测设备、轨旁受电弓在线检测设备、固定式架车机、移动式架车机、起重设备、搬运运输设备、空压机、轮对压装机、轮对退卸机、移车台、车体喷漆设备、转向架静载试验台、转向架升降台、地面电源、高压清洗机等。

29.1.2 工程车辆主要包括带动力和不带动力工程车、公铁路两用工程车、钢轨探伤车、轨道检查车、隧道清洗车、平板吊机、钢轨焊接车、钢轨铣磨车、长轨运输车、捣固车、接触网作业车等。

29.2 车辆检修设备维护技术要求

29.2.1 车辆检修设备的操作和保管人员应遵守安全规程,通过培训掌握操作技能和管理要求。国家规定的特殊工种应在上岗前取得相应上岗资格证书。

29.2.2 维护方应建立技术(档案)资料和运用台账。

29.2.3 车辆检修设备的维护工作应分为日常维护与大修。

29.2.4 日常维护工作宜包括巡检、一级保养与二级保养。巡检主要对设备基本技术状态进行检查监测确认;一级保养与二级保养宜包括周期性对设备的功能检查、状态确认、耗材更换、清洁除尘等预防性维护工作。

29.2.5 大修宜包括周期性对设备全部解体、子系统技术参数确认、部件更换、配套硬件设备的软件升级和功能更新。

29.3 工程检修车辆维护技术要求

29.3.1 维护方应建立技术(档案)资料和运用台账。

29.3.2 工程检修车辆的维护工作宜包括巡检、一级保养、二级保养以及中修、大修等。

29.3.3 巡检内容宜包括对设备基本技术状态进行检查监测确认。

29.3.4 一级保养、二级保养内容宜开展设备的功能检查、状态确认、耗材更换、清洁除尘等工作。

29.3.5 中修宜开展易损部件拆解检修、寿命到期部件更换等工作。

29.3.6 大修宜对设备全部解体,对各子系统技术参数进行确认、部分部件更换。

本规范用词说明

1 执行本规范条文时对要求严格程度不同的用词说明如下,以便在执行中区别对待:
　　1)表示很严格,非这样做不可的用词:
　　　正面词采用"必须";
　　　反面词采用"严禁"。
　　2)表示严格,在正常情况下均应这样做的用词:
　　　正面词采用"应";
　　　反面词采用"不应"或"不得"。
　　3)表示允许稍有选择,在条件许可时首先应这样做的用词:
　　　正面词采用"宜";
　　　反面词采用"不宜"。
　　4)表示有选择,在一定条件下可以这样做的用词,采用"可"。

2 条文中指明应按其他有关标准执行的写法为"应符合……的规定"或"应按……执行"。

引用标准名录

1 《质量管理体系　要求》GB/T 19001
2 《环境管理体系　要求及使用指南》GB/T 24001
3 《职业健康安全管理体系　要求及使用指南》GB/T 45001
4 《电梯、自动扶梯和自动人行道维修规范》GB/T 18775
5 《市域(郊)铁路设计规范》TB 10624
6 《安全防范系统维护保养规范》GA/T 1081
7 《市域铁路设计标准》DG/TJ 08—2435
8 《上海城市轨道交通设施设备维护与更新改造规程导则》T/SHJX 037